Schaltzeit Verlag, 2013

INHALT

Die FDP schafft's NIE...
Mein Gott, wie lange wollen die sich NOCH zieren?
Der Steinbrück ist eine Katastrophe...
CDU
GRÜNE

VORWORT

DEMOKRATIE IN BEWEGUNG

2013: TOPP, DIE WAHLWETTE GILT

Als „Leichtmatrosen" hat der Legende nach Edmund Stoiber 2004 Angela Merkel und Guido Westerwelle einmal bezeichnet: Mit einer Protestantin und einem Junggesellen könne man doch keine Wahlen gewinnen. Und jetzt? Westerwelle segelt als Außenminister um die Welt, während Merkel ihre Partei und Europa fest im Griff hat. Seit 2009 sitzen beide im selben Boot, das entgegen pessimistischer Prognosen alle Stürme bisher überstanden hat.

Nun wird im Herbst die Kommandobrücke neu besetzt. Noch ist offen, wer das Steuer übernimmt und wer am Ende auf der Rettungsinsel der parlamentarischen Opposition landet. Eine gute Gelegenheit, noch einmal zu rekapitulieren, was bisher geschah. Vier der besten Karikaturisten Deutschlands lassen in diesem Buch mit ihren Zeichnungen Revue passieren, was in den vergangenen vier Jahren passiert ist. Vieles davon ist sehr präsent: der glücklose Herausforderer Peer Steinbrück etwa, von Klaus Stuttmann als angeschlagener Boxer oder Schattenmann Merkels treffend zu Papier gebracht. Ein Dauerthema ist auch das schwierige Verhältnis des vermeintlichen Traumpaares CDU-FDP: Den Zeichner NEL hat es zu einer Kanzlerin inspiriert, die die FDP als Mühlstein um den Hals trägt; Thomas Plaßmann lässt Merkel heimlich nachts „Scheiß FDP" an die Wand sprayen. Auch anderes hat die hohe See der Politik längst davongespült und fast schon in Vergessenheit geraten lassen. Der Rücktritt von Ex-Bundespräsident Christian Wulff zum Beispiel: Heiko Sakurai sieht Merkel sich im Michael-Jackson-Moonwalk-Stil von ihm wegbewegen.

Mit treffsicherem Strich und Hintersinn lassen die vier Zeichner die Szenen und bereits über Bord Gegangene wieder auferstehen, fügen den Ereignissen einen Hintersinn oder eine neue Perspektive hinzu.

Schlecker-Pleite, Betreuungsgeld, Gesundheitsreform – alles taucht hier noch einmal auf und manches in unvermuteter Form. Die Unterschiede zwischen West- und Ost-Löhnen mutieren zu einem Paar ungleicher Schuhe, das der Verkäufer als identisch anpreist, das Wachstumsversprechen der Kanzlerin zu einem Ballett-Tutu, in das sie sich vor dem Treffen mit Frankreichs Präsidenten Francois Hollande zwängt. Die Leichtigkeit, mit der die vier Karikaturisten selbst die schwierigsten Themen bezwingen, ist erfrischend. Selbst die Eurokrise wird bei ihnen zu einem kleinen Münzjungen, den Mutti Merkel einfach weiterzieht, als der Bestatter ihn bereits für den Sarg vermessen will.

So funktioniert „Prost Wahlzeit" auf mehreren Ebenen: als vergnügliche Rückschau, als kleine Erinnerung, als unaufdringlicher Wahlhelfer. Denn wer das Buch gelesen hat, der wird wieder besser wissen, wen er wählen will und warum. Das ist die beste Voraussetzung, um zu entscheiden, wer den Tanker Deutschland für die nächsten vier Jahre durch hohe See steuern soll.

„Du sollst dir kein Bildnis machen", heißt es in der Bibel. Ob der Satz dort genauso stünde, wenn es zu Zeiten des Alten Testaments bereits Karikaturisten gegeben hätte? Ohne Klaus Stuttmann, Heiko Sakurai, Thomas Plaßmann und NEL – soviel steht fest – wäre die Politik grauer und trübsinniger.

Miriam Hollstein

Smalltalk-Infos

Angela Merkel ist im Westen (Hamburg) geboren und im Osten (Templin) aufgewachsen. Ihr zweiter Vorname lautet Dorothea. Ihr Geburtsname Kasner. Der Name Merkel ist der Nachname ihres ersten Mannes. Inzwischen ist sie mit Prof. Sauer verheiratet. Aber Angela Sauer passt wohl nicht recht zu einer freudestrahlenden deutschen Kanzlerin.

Angela Merkel

- Geboren am 17. Juli 1954 in Hamburg, verheiratet
- 1973 – 1978 Physikstudium in Leipzig
- 1978 – 1990 Mitarbeiterin an der Akademie der Wissenschaften in Ost-Berlin
- 1986 Promotion
- 1989 Beitritt zum „Demokratischen Aufbruch"
- 1990 CDU-Beitritt, stellvertretende Sprecherin der ersten und letzten frei gewählten Regierung der DDR
- Seit 1990 Mitglied des Deutschen Bundestages; Wahlkreis: Stralsund, Rügen, Nordvorpommern
- 1991 – 1994 Bundesministerin für Frauen und Jugend
- 1994 – 1998 Bundesministerin für Umwelt, Naturschutz und Reaktorsicherheit
- 1998 – 2000 Generalsekretärin der CDU
- Seit 2000 Vorsitzende der CDU
- 2002 – 2005 Vorsitzende der CDU/CSU-Bundestagsfraktion
- Seit November 2005 Bundeskanzlerin der Bundesrepublik Deutschland

Zitate

Das Konzept von Multikulti ist in Deutschland gescheitert.
(2010, beim Deutschlandtag der Jungen Union)

Ich werde es immer für unsinnig halten, technisch sichere Kernkraftwerke abzuschalten. Sie werden sehen: eines Tages werden auch die Sozialdemokraten das einsehen.
(2006)

Weil ich damals nicht so perfekt war wie heute.
(2012, im Gorleben Untersuchungsausschuss auf die Frage, warum ihre Aussagen von 1995 zur Gorleben Studie von denen im Ausschuss abweichen)

Erleben Sie
die mächtigste Frau
der Welt, im Kampf
mit sich selbst!
FORBES CIRCUS

Königin
der
CDU
CHEFIN
EUROPAS
ERSATZ-
BUNDES-
PRÄSIDENTIN
neu!
Mutti
von
Schwarz-Gelb

CDU-
Programm

Auf Ihr Wohl, meine Herren!!
Bundeskanzlerin im Kreise ihrer innerparteilichen Konkurrenten ...

Äh, in der CDU gibt es Kritik am System Merkel...
CDU? CDU? Was war das noch mal?

WART'S AB! BALD TRETEN SIE AUCH NOCH FÜRS TEMPOLIMIT AUF AUTOBAHNEN EIN!.... DANN IST ABER WIRKLICH SENSE!!!
HOMO EHE
HERBERT O., CDU-MITGLIED SEIT 1954.... FRAU KANZLERIN, OBACHT!!
DEN BOGEN NICHT ÜBERSPANNEN!

STANDPUNKT
KANZLERIN DER HERZEN

CDU
CDU
2000
2012

Für Atomkraft!
Gegen Atomkraft!
Für Wehrpflicht!
Gegen Wehrpflicht!
Gegen Mindestlohn!
Für Mindestlohn
Gegen Homo-Ehe!
Für Homo-Ehe!
Für Prinzipien!
Gegen Prinzipien!
KS 13

CDU
Wie ist meine Route, z.B. in Sachen gleichgestellte Homo-Ehe oder NPD-Verbotsantrag?
Abwarten, wie sich die Dinge entwickeln, und dann der Mehrheit FOLGEN!
angie
HS 13

Zitate

Eine Flasche Pinot Grigio, die nur fünf Euro kostet, würde ich nicht kaufen.
(Dezember 2012)

Ich bleibe so, wie ich bin. Ich unterziehe mich keiner politischen Geschlechtsumwandlung.
(2013, nach seiner Rede auf der Landesdelegiertenkonferenz der NRW-SPD)

Bis zu einem gewissen Grad bin ich entsetzt, dass zwei Clowns gewonnen haben.
(2013, zu den Wahlergebnissen in Italien von Beppe Grillo und Silvio Berlusconi)

Peer Steinbrück

- Geboren am 10. Januar 1947 in Hamburg, verheiratet, drei Kinder
- 1969 Eintritt in die SPD
- 1970 – 1974 Studium der Volkswirtschaft und der Sozialwissenschaften in Kiel
- 1986 – 1990 Leiter des Büros des Ministerpräsidenten des Landes Nordrhein-Westfalen, Johannes Rau
- 1990 – 1992 Staatssekretär im Ministerium für Natur, Umwelt und Landesentwicklung des Landes Schleswig-Holstein
- 1993 – 1998 Minister für Wirtschaft, Technologie und Verkehr des Landes Schleswig-Holstein
- 1998 – 2000 Minister für Wirtschaft und Mittelstand, Technologie und Verkehr des Landes Nordrhein-Westfalen
- 2000 – 2002 Finanzminister des Landes Nordrhein-Westfalen
- 2002 – 2005 Ministerpräsident des Landes Nordrhein-Westfalen
- 2005 – 2009 Bundesminister der Finanzen
- Seit 2009 Mitglied des Deutschen Bundestages
- Seit 2012 Kanzlerkandidat der SPD

Smalltalk-Infos

Steinbrück ist ein ausgezeichneter Schachspieler: ELO-Zahl ca. 2200 (Level eines Meisteranwärters, zum Vergleich: Großmeister ab 2500). Beim Schach entstand auch das Buch „Zug um Zug", Debatten mit Helmut Schmidt. Für „Unterm Strich" erhielt er 2011 den Preis „Politisches Buch des Jahres". Seit Bekanntwerden seiner Kanzlerkandidatur sind auch seine Einkünfte transparent. So hat Steinbrück seit 2009 ca. 1,25 Millionen € Nebeneinkünfte durch Vorträge erzielt.

Zum Kampf
STEINBRÜCK-MERKEL
KS 12

Dauernd brennen irgendwelche Kabel durch, und die elektrischen Sicherungen sind in einem beinahe GRAUENVOLLEN Zustand!
PEER
Hier baut die SPD einen neuen BUNDESKANZLER für Sie!

- **10/2011** Helmut Schmidt und Peer Steinbrück zu Gast bei Günther Jauchs TV-Show - Rekordeinschaltquote 5,61 Mio. Der Altkanzler erklärt bei dieser Gelegenheit Steinbrück zu „seinem" Kanzlerkandidaten
- **10/2012** Der SPD-Vorstand nominiert Peer Steinbrück offiziell als Kanzlerkandidaten.
- **11/2012** Nach Diskussionen um seine Nebeneinkünfte legt Steinbrück seine Einnahmen offen.
- **15.4.2013** „Ich will Kanzler werden!" Peer Steinbrück auf dem SPD-Parteitag in Augsburg.

OK, OK, ich mache den Job auch für das Geld. Ehrenamtlich sozusagen.
SPD
J.R. STEINBRÜCK

Für soziale Gerechtigkeit!!
SPD
Nebeneinkünfte für alle!!

Mindestlohn und
Soziale Gerechtigkeit
SPD
und Peer Steinbrück
WÄHLEN !

SPD
WAHLPROGRAMM

PASST

VERMÖGENSSTEUER HER. SPITZENSTEUERSATZ RAUF. TOPEINKÜNFTE DECKELN...
SPD
IST JETZT NICHT GANZ EINFACH FÜR DICH!... WISSEN WIR PEER! KÖNNTE ABER TROTZDEM EINE NUANCE ÜBERZEUGENDER KOMMEN.
PROGRAMM UND KANDIDAT

1. Soziale Gerechtigkeit! 2. Soziale Gerechtigkeit! 3. Soziale Gerechtigkeit!
SPD
PROGRAMMATIK
... und JETZT zeige ich dir, wie man in Weiß "SPD" in den roten Pullover mit hineinstrickt!
BASISARBEIT
CD
"WANN WIR SCHREITEN SEIT AN SEIT"
Peer Steinbrück singt die schönsten Arbeiterlieder
STALLGERUCH
Exzellent, der Pinot, den ich für 2.49€ pro Flasche beim Discounter gekauft habe...
BODENHAFTUNG

- **9/2011** Die Piraten erreichen knapp 9 % bei den Wahlen zum Berliner Abgeordnetenhaus.
- **11/2012** Bei der Urwahl der Grünen zur Spitzenkandidatur 2013 erhält Claudia Roth lediglich 26,3 %. Gewählt werden Jürgen Trittin und Katrin Göring-Eckardt.

ENTWARNUNG: ES IST NUR EINE NUSSSCHALE

AUF GROßER FAHRT

- **10/2012** CSU-Chef Horst Seehofer trennt sich von seinem Pressesprecher Michael Strepp, Vorwurf: versuchte Beeinflussung der ZDF-Berichterstattung zum SPD-Parteitag.
- **4/2013** Die Partei Alternative für Deutschland (AfD) gründet sich.

CÆSAR BAVARIÆ IMP. MAXIM.
Söder, momentaner Stand.
Naja, so lange er die Wahl gewinnt und München nicht anzündet...
$13

Wenn dieses Gerede nicht endlich aufhört, dass ich gedroht habe, die Koalition platzen zu lassen, dann sehe ich mich gezwungen, mir zu überlegen, ob ich nicht drohen solle, die Koalition platzen zu lassen! Aber das ist natürlich nur Gerede!
KS 12

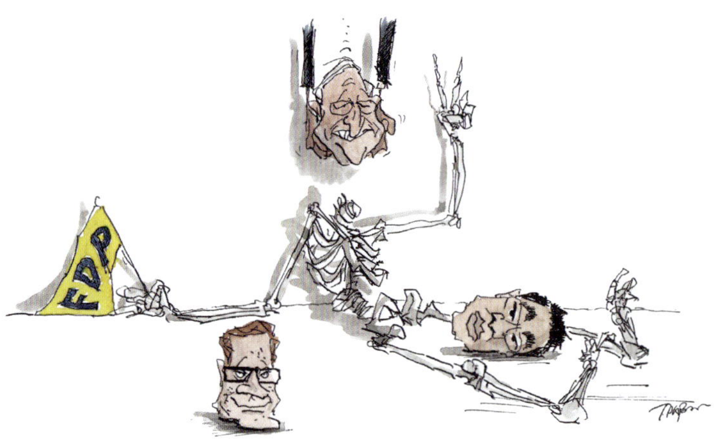

- **5/2011** Nach dem Rücktritt von Guido Westerwelle wird Philipp Rösler zum FDP-Parteichef gewählt.
- **6/2012** Nach dem Rückzug von Klaus Ernst und Gesine Lötzsch werden Bernd Rixinger und Katja Kipping zur neuen Doppelspitze der Linken gewählt.
- **1/2013** Die Linke stellt ihr achtköpfiges Spitzenteam für die Bundestagswahl vor.

Niemand zu Hause? Na, dann versuch ich's 'mal nebenan!!
LINKE
FDP

DIE LINKE
Erst ein Hut im Ring!
DAS PUBLIKUM WIRD UNGEDULDIG

TEAM SPIRIT: SCHWARZ-GELB VS. ROT-GRÜN

Folgende
Winner-Taktik:
DU verhältst dich ruhig
und deckst die Mitte ab,
WIR wirbeln tiki-taka-
mäßig über den
linken Flügel!

Bringen wir
ihn hinter uns.
Mir fällt's ja
AUCH nicht leicht.
SPD
Linke

KOALITIONSTHERAPIE

NA, WAS DENKEN WIR DENN DA GERADE MEIN KLEINER?
SCHWARZ-GRÜN?
GRÜNE
AUGENHÖHE À LA PEER

BÜNDNIS 90 / DIE GRÜNEN

DIE HUNDE-MUTTI

ZUSAMMEN BESSER
ICH GEBE JETZT DAS WAHLERGEBNIS BEKANNT: ZUM TROST, ZUR WIEDERGUTMACHUNG UND AUS SCHLECHTEM GEWISSEN STIMMTEN FÜR CLAUDIA...
WENN GRÜNE SCHERZEN

Gehen wir in die Offensive und stellen die Vertrauensfrage an die SPD-Mitglieder, ob ich als Kanzlerkandidat noch–
Um Himmels Willen, Peer – DENK nicht mal daran!!!

Das neue Gesicht der FDP ...

LIBERALER AUFBRUCH!

VOR AUGSBURG
NACH AUGSBURG
SPD-WAHLPROGRAMM

UND?
ENTWURF
PEER STEINBRÜCK
KLARE KANTE
FÜR EINEN STARKEN JUNIORPARTNER SPD IN EINER GROßEN KOALITION
SPD
WAHLKAMPF... NEUE SACHLICHKEIT

Das ist der Unterschied zwischen Kanzlerbonus und Kanzlerboni

KOLLEGE STEINBRÜCK.... AUCH WENN SIE OFFENSICHTLICH NICHT DER WUNSCHKANDIDAT DER MEHRHEIT SIND....
DER MEINE SIND SIE!!
TROST IN TRÜBEN STUNDEN

PUDDING HIER ANNAGELN!
KLARTEXT
LEERTEXT

Da es sich bei Klartext-Peer um eine aussterbende Spezies handelt, fordern wir, ihn vor Angriffen der schwarz-gelben Koalition und der Medien zu schützen!
CLOWNS
etc.

SPD
ANGIE! ICH KOMME.!!

PEER FOR KANZLER
PROGRAMM REAGIERT NICHT

VERSUCH WÄR'S WERT!
EINGABE: S.A.C.H.T.H.E.M.E.N
SPD
SPD
PEERS NAVI

SCHWARZ-GELB BLEIBT HANDLUNGSFAHIG

WEITERE INITIATIVEN ZUSAMMEN MIT DER BUNDESLIGA

„KLIMA? ENERGIEWENDE? DEMOGRAPHISCHE ENTWICKLUNG..." ?!... JA IST DAS DENN ZU FASSEN? SO HÜBSCHE, TEURE GESCHENKE UND NOCH NÖRGELN?!!
BETREUUNGS GELD
ABSCHAFFUNG PRAXIS-GEBÜHR
RENTEN ZUSCHUSS
ZEITEN DER HERAUSFORDERUNG... - KOALITION BEWEIST HANDLUNGSFÄHIGKEIT

Alles unwichtige Akten – eine reine Routine-maßnahme!
KS 12
Praxis-Gebühr
Erneuerbare-Energien-Gesetz
Betreuungs-geld
Großeltern-zeit
Zuschussrente
Zuschuss-rente

EURO-FINANZKRISE

- **7.5.2010** Bundestag bestätigt Notkredite für Griechenland. Umfang 22 Mrd. €.
- **21.5.2010** Regierungskoalition stimmt für Euro-Rettungsschirm: Im Notfall können für hilfsbedürftige Euro-Länder 500 Mrd. € in Form von Krediten bereitgestellt werden. Deutschland haftet mit einem Anteil von 148 Mrd. €.
- **27.2.2012** Bundestag beschließt zweites Rettungspaket für Griechenland. Umfang 130 Mrd. €.
- **29.6.2012** Bundestag stimmt für dauerhaften Euro-Rettungsschirm ESM: Im Notfall können 700 Mrd. € bereitgestellt werden (deutscher Anteil: ca. 168 Mrd €).
- Bundestag stimmt für Fiskalpakt innerhalb der EU.
- **19.7.2012** Bundestag beschließt Bankhilfen für Spanien. Umfang 100 Mrd. €.
- **30.11.2012** Bundestag beschließt weiteres Griechenland-Hilfspaket. Umfang 44 Mrd. €.
- **18.4.2013** Bundestag beschließt Finanzhilfen für Zypern. Maximalbetrag 10 Mrd. €.

Zum Einstieg

Konstant hält sich die Euro-Finanzkrise in den Schlagzeilen und hat, wie es sich für eine echte Krise gehört, schon einiges durchgemacht: Was mit kleinen Verstößen gegen die EU-Stabilitätskriterien begann, weitete sich ab 2007, befördert von Immobilien- und Bankenkrise, zu einer respektablen Staatsschuldenkrise in Europa aus. Gemessen an ihrem Bruttoinlandsprodukt wiesen einige Eurostaaten zeitweilig Verschuldungsquoten von 165 % (Griechenland) oder 120 % (Italien) auf.

Dadurch aufgeschreckt, meldeten sich ausgerechnet amerikanische Ratingagenturen immer öfter zu Wort und stuften die Bonität etlicher EU-Mitgliedstaaten deutlich herab.

Mit mehrfacher Rettung Griechenlands begann die Never-Ending-Story der anfangs als alternativlos bezeichneten Euro-Rettung. Mittlerweile stellt der Euro-Rettungsschirm sowohl bilaterale als auch gemeinschaftliche Kredite und Garantien (EFSF, ESM) bereit und hat eine beträchtliche Spannweite erreicht. Der Reihe nach haben Griechenland, Irland, Portugal, Spanien und Zypern bisher Unterstand gefunden.

Doch die Hilfe hat ihren Preis. Mit den Rettungsmaßnahmen sind allerlei Auflagen aus Brüssel verbunden, die einzelne Volkswirtschaften abwürgen und die Bürger auf die Barrikaden treiben.

Smalltalk-Infos

Mal sind es EU-Richtlinien für Energiesparlampen, mal Empfehlungen für Kondomgrößen – immer wieder wird Brüssel mit seiner Regelungswut zum Gegenstand berechtigter Kritik. Die umstrittene „Gurkenverordnung", die den Krümmungsgrad von Gurken regelte, wurde 2009 zurückgenommen. Das Glühbirnenverbot gilt seit Ende 2012.

Röslers Reparaturarbeiten

Das Steuergeschenk ...

STANDARD & POORS
RATING AGENTUR
"... BEWERBE ICH MICH BEI IHNEN, UM MEINE MACHT- UND WELT-BEHERRSCHUNGSPHANTASIEN AUSZULEBEN!
ENDLICH MAL EINER, DER BEI DEN MOTIVEN NICHT SO RUM-EIERT.

Und wer, bitteschön, ist schuld an der Bankenkrise, an der Staatsschuldenkrise und an der Eurokrise?!?
Wir Kleinsparer natürlich – wir haben über unsere Verhältnisse gelebt!
'Tschuldigung!

Ganz normale Arbeitswoche in Berlin
Wir brauchen dringend einen Rettungsschirm!!
Montag
Wir brauchen dringend eine Vergrößerung des Rettungsschirms!!
Dienstag
Wir brauchen dringend eine Hebelung der Vergrößerung des Rettungsschirms!!
Mittwoch
Wir brauchen dringend eine Verstärkung der Hebelung der Vergrößerung des Rettungsschirms!!
Donnerstag
Wir brauchen dringend die Verzehnfachung der Verstärkung der Hebelung der Vergrößerung des Rettungsschirms!!
Freitag

Der Wirtschaftsnobelpreis für den ESM, das wär's!
STOCKHOLM CALLING

Weltuntergang?!
Kein Problem!!
RETTUNGSSCHIRME
Schlussverkauf!!
Last-Minute!

Ich geh meinen Weg!
Schulden-Krise

Euro-bonds
Euro-bonds
Euro-bonds

Eine Alternative zu Gorleben? Gibt es nicht!
Umweltministerin
Eine Alternative zu den Rettungsschirmen? Gibt es nicht!
Kanzlerin
Politische Kontinuität

RITTER VON DER TRAURIGEN GESTALT

HUNGER BESIEGT
KLIMA GERETTET
SEUCHEN, KRANKHEITEN BESIEGT
BANKEN GERETTET
WIR GEBEN ALLES

Ab 2014 wollen sie die Finanzströme wenigstens besteuern

INT. FINANZWIRTSCHAFT
WIR VERDIENEN – IHR ZAHLT
MITARBEITER/IN DES MONATS

Ohne Sponsoren geht gar nichts mehr heute!!
176-671

Na komm. Den BEACHTEN wir doch gar nicht...
BESTATTUNGEN Rating & Co.
EURO

... BESCHLOSS DAS KABINETT DIE AUSZAHLUNG DER DIÄTEN IN SCHWEIZER FRANKEN.
HOPPLA! .. EURO-KRISE ... JETZT WIRD'S ENG

Euro-Rettung
BANKOMAT
Gerettet!!

Nach der Schuldenbremse denkt die Politik nun über eine Benzinpreisbremse nach...
Dann fehlen ja nur noch eine Rettungsschirm-Wachstumsbremse und eine FDP-Profilierungs-Bremse.

SCHARFE WÄSCHE FÜR MONSIEUR

Wir schreiben heute ein Spar-Diktat
EU
Rettet die Banken

Den Jugendlichen in unseren Ländern fehlt es an Arbeit! Was sollen sie denn jetzt den ganzen Tag über machen?!
Sparen, sparen, sparen!!

Is was ?!
Die Kanzlerin und die internationale Meinung ...

MAL SELBER SPAREN! ZWEI BILLIONEN MIESE TROTZ REKORD-STEUEREIN-NAHMEN!!!
ACH WAS?! ... JETZT WERDEN WIR AUCH NOCH ZICKIG!!

BANK OF CYPRUS
Hier hat der Rösler Recht: Dummheit kann man nicht verbieten.

Unser Bild im Ausland
Berlin ist toll!
Lovely Germany!
We love the Germans!
We ♥ Merkel!
We like Krauts!
DEUTSCHLAND = SUPERCOOL!!

Europa wächst ...
... und wächst ...
... und wächst ...

DEUTSCHLAND
... BRAUCHT EUROPA

Wie oft habe ich den Südeuropäern gepredigt: Sparen, sparen, sparen — damit ihr deutsche Autos kaufen könnt! Aber auf mich hört ja keiner!
Absatzflaute in Europa
AUTOBRANCHE STAGNIERT!!
KS 13

ICH WÜRD' GERN EIN PAAR ARBEITSPLÄTZE SCHAFFEN!
MOOOOMENT!!!!
VORSCHRIFTEN
AUFLAGEN
RICHTLINIEN

?!
Ungewohnt, nicht wahr? Ich habe Ihnen ein kleines soziales Herz eingesetzt!
-klopf- MINDEST- -klopf- LÖHNE...
FDP
5%

Zum Einstieg

Der beste Schutz vor Armut ist Arbeit. Das stimmt allerdings nur, wenn man für Arbeit auch ausreichend bezahlt wird. Und da kommt das Thema Mindestlohn ins Spiel.

Schwarz und Gelb einigten sich in ihrem Koalitionsvertrag 2009 auf eine ablehnende Haltung. Diese Position haben beide Regierungsparteien Ende 2011 überraschend teilweise revidiert. Der Vorschlag für Lohnuntergrenzen in Branchen ohne Mindestlohnregelung wird auch von SPD, Grünen und Linken unterstützt. Strittig ist allerdings noch die Höhe.

Eines der wichtigsten Gegenargumente in der Vergangenheit war die Verdrängung und Verlagerung von Arbeitsplätzen bei Einführung eines flächendeckenden Mindestlohns. Aber auch ohne diesen kam es zu Pleiten wie bei Schlecker und Neckermann sowie zu Werkschließungen bei Opel. Trotz allem sank die Zahl der Arbeitslosen unter Schwarz-Gelb im Vergleich zur rot-grünen Vorgängerregierung auf zuletzt unter 3 Millionen. Parallel dazu stieg die Anzahl der prekären Beschäftigungsverhältnisse (Leiharbeiter, Minijobber, befristete Beschäftigte) um ca. 3 Millionen. Zudem berücksichtigt die neue Berechnungsmethode (seit 2009) extern betreute Arbeitslose gar nicht mehr.

Smalltalk-Infos

Die amtierende Arbeitsministerin Ursula von der Leyen ist seit 2009 im Amt. Zuvor war sie Familienministerin. Sie trat die Nachfolge von Franz Josef Jung an, der seine Amtszeit als Arbeitsminister nach nur 33 Tagen beenden musste, die bisher kürzeste Amtszeit eines Ministers in Deutschland. Jung musste wegen der Kunduz-Affäre zurücktreten. Er war zuvor nämlich Verteidigungsminister. Job-Rotation – also auch nur bedingt ein Rezept gegen Arbeitslosigkeit.

Die Bundeskanzlerin hat eine Einzelgewerkschaft gegründet, weil sie ihre Arbeit in der letzten Zeit nicht genug gewürdigt sieht!
STREIK!

Größte Vorsicht mit der Bestie!
MINDESTLOHN

SKANDALÖS!! FÜNF-FÜNFZIG DIE STUNDE !!!....
DAS HIEßE, 2000 STUNDEN ARBEITEN UM NUR
EINEN MEINER VORTRÄGE ZU BEZAHLEN !!!...
GERECHTE LÖHNE
SPD - SCHLUSS MIT DEN BILLIGLÖHNEN
ICH KÄMPFE FÜR EUCH!

Ich möchte eine Stalking-
Anzeige erstatten
POLIZEI
MINDESTLOHN

Süßes oder Saures, Herr Hundt!!
Mindestlohnforderung…

Es wird keine allgemeinen Lohnuntergrenzen geben!
Dafür aber auch keine allgemeinen Lohnobergrenzen!!
Arbeitnehmer-Flügel
Arbeitgeber-Flügel
Gerechter Kompromiss

Doch, doch, das ist ein Paar, die Farbe ist identisch!
DIHT
WEST
OST
Löhne

SO WILL ICH HEUTE EINMAL IN ALLER FORM ALL JENEN FÜR DEN WIRTSCHAFTLICHEN ERFOLG UNSERES LANDES DANKEN…
…DIE DAFÜR TAGTÄGLICH ZU SKANDALÖSEN BILLIGLÖHNEN SCHUFTEN GEHEN!! ….. - WEITER SO!
WARME WORTE

DIE FIRMA DANKT

NEUE BEKANNTSCHAFTEN

Rette sich,
wer kann !!
Die FDP und die Schlecker-Frauen

SCHLECKER
Ehrensold für alle
Entlassenen !!

- **18.4.2013** Im Bundestag scheitert der Antrag für eine verbindliche Frauenquote in Aufsichtsräten.

Danke Frau Meyer, aber damit ist das Thema Frauenquote vom Tisch!

Die feste Frauenquote kommt! 2020...
... oder 2030 oder 2040 oder 2050 !!
Wahlprogramm 2013

Zitate

Wer dem Volk anstrengungslosen Wohlstand verspricht, lädt zu spätrömischer Dekadenz ein.
Guido Westerwelle, 2010

Wir stehen im internationalen Vergleich sehr gut da. Wir gehören zu den Staaten, die am stärksten die Ungleichheit der Einkommen durch Steuern und Sozialtransferleistungen ausgleichen.
Ursula von der Leyen, 2013

Zum Einstieg

In Deutschland sind zwischen 14 und 16 Prozent der Menschen von Armut bedroht. Mit dieser Schlussfolgerung sorgten die knapp 500 Seiten des vierten offiziellen Armuts- und Reichtumsberichts der Bundesregierung für Aufsehen. Offiziell betroffen ist jeder, der mit weniger als 60 Prozent des mittleren Haushalts-Nettoeinkommens der Gesamtbevölkerung auskommen muss. Zudem sind Privatvermögen in Deutschland extrem ungleich verteilt. Den reichsten 10 Prozent der Bevölkerung gehören mehr als 50 Prozent des gesamten Nettovermögens.

Eigentlich sollte ein fürsorgender Sozialstaat um Ausgleich zwischen Hartz-IV-Empfängern und Spitzenmanagern bemüht sein. Aber obwohl die Wirtschaft brummt, verringert sich die Zahl der Bedürftigen nicht. Patentrezept der SPD: Erhöhung des Spitzensteuersatzes und Einführung einer Vermögenssteuer. Antwort der CDU: Anhebung der Steuersätze führt zu Abwanderung von Unternehmern und Investitionsverlagerung ins Ausland.

Mögliches Reiseziel für Vermögende war lange die Schweiz. Mit der Enttarnung Steuerflüchtiger durch den inzwischen rechtmäßigen Ankauf sogenannter Steuer-CDs wird dieser Schleichpfad allerdings zunehmend unpopulärer. Prominentester Wanderer im Wahljahr: Uli Hoeneß.

Smalltalk-Infos

Für Aufsehen sorgte im April 2013 eine EZB-Studie. Laut dieser gehören die Deutschen bei einem mittleren Haushaltsvermögen von 51.400 € zu den EU-Schlusslichtern. Im direkten Vergleich rangiert Deutschland deutlich hinter Frankreich (113.500 €), Spanien (182.000 €) oder Zypern (266.900 €). Die Studie wurde allerdings wegen unzureichender Vergleichbarkeit der Zahlen und veralteter Daten kritisiert.

Verschwinde! Laut Armuts-bericht gibt es dich nicht!
STRASSEN-FEGER

Mal ehrlich: Ohne die Agenda 2010 stünde Deutschland jetzt lange nicht so stark da in Europa!!

ARMUTS-
BERICHT
ARMUT BESEITIGEN

Von der Leyens
ARMUTS-
BERICHT
Zeugnis!
Philipp Rösler

DEUTSCHLANDTREND

HUMOR IN DER BUNDESTAGSKANTINE

ELEND BEKÄMPFEN

DEUTSCHE TEILUNG

WOHIN MIT DER KOHLE ?!?
IMMOBILIEN
AUSLAND
LUXUS
MIETE
ESSEN
HEIZUNG
T. PLAßMANN
DEUTSCHE TEILUNG

Was ist Ihnen denn zugestoßen?!
Der Länderfinanzausgleich!
KS 13
BAYERN

150 Jahre SPD...

DIE NEUE FREIHEIT DES PEER STEINBRÜCK

- **27.10.2009** Vorhaben Steuersenkungen: Bürger sollen laut Koalitionsvertrag um 25 Mrd. € entlastet werden.
- **November 2010** Bundesverfassungsgericht bestätigt Rechtmäßigkeit des Ankaufs von Steuersünderdaten (Steuer-CDs).
- **11.5.2010** Nach der Niederlage bei der Landtagswahl in NRW verzichtet die schwarz-gelbe Koalition offiziell auf weitere Steuersenkungen.
- **11.3.2013** Finanzminister Schäuble stellt geplanten Bundehaushalt für 2014 vor: 6,4 Mrd. € Neuverschuldung.

UND WENN ICH EIN PAAR EURO DAZU VERDIENE WIRD SOFORT DIE LEISTUNG GEKÜRZT? .. DA IST ABER GANZ SCHÖN HART!
LEISTUNGEN ALG / HARTZ
WENN SIE BEIDE AUGEN ZUGEDRÜCKT HABEN WOLLEN, HINTERZIEHEN SIE STEUERN IM GROßEN STIL UND SCHAFFEN SIE IHRE MILLIONEN IN DIE SCHWEIZ!

Unseren guten Kunden sage ich: Auch heute könnte Ihre Steuererklärung auf so einen Bierdeckel passen!
Andorra
MONACO
Kaiman-Inseln
LUXEMBURG
Österreich
SCHWEIZ

Wie das deutsch-schweizerische Steuerabkommen noch zu retten wäre …

Steuersünden fallen nicht ins Gewicht. Wir haben diesbezüglich einen Vertrag mit der Schweiz.

Steuerselbstanzeige
Steuerverschwendung
Steuerselbstanzeige
Steuerhinterziehung
Unser Ministerium hat über 500 Millionen ...

Finanztransaktionssteuer?
Die FDP ist dagegen!
Wer will das noch wissen?

Die Finanztransaktionssteuer ist eine Art Spielsuchtsteuer, gegen das Zocken.
Ich gehe nicht mit
Ich passe

Schnarrrch!
2009
Schnarrrrch!
2010
Schnarrrch!
2011
Schnarrrrch!
2012
Wir müssen endlich mal die Steuerflucht bekämpfen!!
2013

So ungefähr müssen sie sich unser Steuersystem vorstellen

- **11.11.2010** Bundestag beschließt Neuordnung des Arzneimittelmarkts. Grund: Anstieg der Arzneimittelkosten in 2009 auf 32 Mrd. €.
- **12.11.2010** Bundestag beschließt einheitlichen Beitragssatz i.H.v. 15,5 % für Krankenkassen.
- **7.7.2011** Bundestag stimmt der eingeschränkten Zulassung der Präimplantationsdiagnostik zu.
- **29.6.2012** Bundestag beschließt Neuausrichtung der Pflegereform. Vorgesehen sind u.a. höhere Leistungen für Demenzkranke sowie eine private Pflegezusatzversicherung.

Zum Einstieg

2009 wurde der Gesundheitsfonds eingeführt: ein echter Zwitter aus der von Rot-Grün geforderten Bürgerversicherung, die die Trennung zwischen gesetzlich und privat gänzlich aufheben sollte, und der von der schwarz-gelben Koalition präferierten einkommensunabhängigen Gesundheitsprämie (früher besser bekannt unter dem etwas zweideutigen Namen Kopfpauschale).

Der Gesundheitsfonds sollte eine flexible Basis für eine umfassende Gesundheitsreform sein. Wann diese kommt, ist bisher nicht klar.

Klar ist bislang nur, dass alle möglichen privaten Zusatzversicherungen bereits jetzt auf uns einwirken: Zähne, Brille, Chefarzt, Krankentagegeld, stationär oder ambulant – alles potenzielle Versorgungslücken. Bei der Pflege droht eine noch wesentlichere Lücke, denn das Pflegepersonal ist heute schon knapp, in Zukunft wird es fehlen. Fehlen wird die Praxisgebühr den wenigsten. 2003 eingeführt als „Anreiz" für seltenere Arztbesuche, galt die beim Bürger unbeliebte Gebühr bald als wirkungsloses Steuerungsinstrument.

Und da die Nachwehen der Finanzkrise 2008/09 milder ausfielen als befürchtet, sprudelten die Beitragseinnahmen bei den Krankenkassen. Und so wurde die Praxisgebühr pünktlich zum Wahljahr 2013 wieder abgeschafft.

Smalltalk-Infos

Die Krankenversicherung wurde 1883 durch Otto von Bismarck eingeführt. Später kamen Unfall- (1884), Renten- (1889) und Arbeitslosenversicherung (1927) hinzu. Die letzte hierzulande eingeführte Sozialversicherung war 1995 die Pflegeversicherung.

Meine Mutter zu Hause pflegen?
Ich bin schon mit der Pflege
meiner Internetseite total überlastet

PFLEGEREFORM
NICHT MEHR ALS EIN ANFANG

WER VON IHNEN WAR DAS MIT DER PRIVATEN ZUSATZVERSICHERUNG "MENSCHLICHE ZUWENDUNG"?!
PFLEGEPLAN

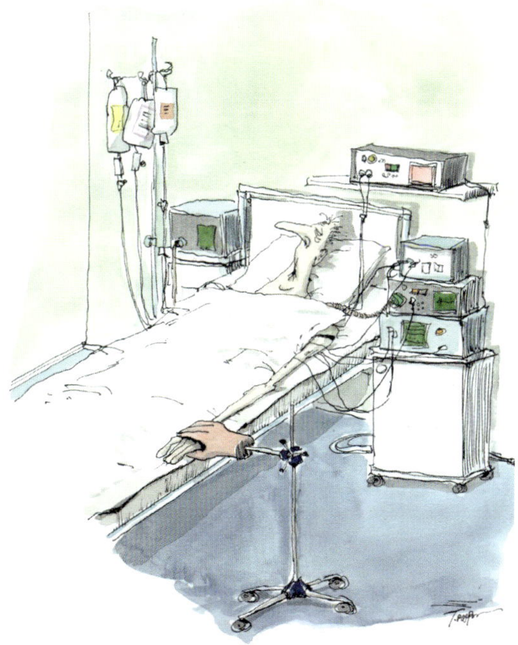

Schlecht belohnt, aber sehr gefragt: Gutes Pflegepersonal

Warten auf neue Spenderorgane ...

HERR PLAUMANN...
SIE BENÖTIGEN EIN TRANSPLANTATIONS-ORGAN!
KÖNNEN SIE MIR DA EINEN KORRUPTEN KOLLEGEN EMPFEHLEN?
DR. MED.
T. Plaßen

DER NÄCHSTE BITTE!
DR. MED.
PLAUMANN PHAR
PHAR
PHARM AG
T. Plaßen
GESUNDHEITSSYSTEM

Es ist nur Ihr Blinddarm – er ist ein bisschen gereizt!
CDU

Eine pauschale Kopftransplantation wäre die Rettung!!
Koma-Patient: Gesundheitswesen

DER LIBERALE MARKENKERN IM WANDEL DER JAHRE

- **28.10.2010** Bundestag beschließt Abkehr vom Atomausstieg. Union und FDP stimmen für Laufzeitverlängerung von Atommeilern.
- **17.3.2011** Bundestag beschließt sofortige Abschaltung von Alt-AKWs.
- **7.7.2011** Mit den Stimmen der Regierungskoalition verabschiedet der Bundestag ein Gesetz zur unterirdischen Speicherung von CO_2.
- **29.3.2012** Bundestag beschließt Kürzung bei Solarförderungen.
- **16.5.2012** Norbert Röttgen wird nach verlorener NRW-Landtagswahl als Umweltminister entlassen. Sein Nachfolger wird Peter Altmaier.

Zum Einstieg

Im Jahr 2000 hatte die rot-grüne Bundesregierung den Atomausstieg beschlossen. Von der Großen Koalition, also von Schwarz-Rot unter Kanzlerin Merkel, wurde dieser ausdrücklich bestätigt.
Im Herbst 2010 wurde er von der schwarz-gelben Koalition durch eine Laufzeitverlängerung teilweise rückgängig gemacht. Schon kurze Zeit später aber wurde nach der Katastrophe in Fukushima die erneute Wende verkündet.
Einem kurzzeitigen Atom-Moratorium folgte im Juni 2011 die Abschaltung von acht deutschen Kernkraftwerken. Die verbliebenen neun Meiler sollen jetzt bis 2022 vom Netz gehen. Die Energiewende setzt ganz auf erneuerbare Energien aus Wind, Sonne und Wasser. Zusätzlich will man Energie durch bessere Wärmedämmung oder durch höhere Energieeffizienz sparen.

Die Wende soll in den Bereichen Strom, Wärme und Verkehr vollzogen werden. Im öffentlichen Fokus steht meist der Stromsektor.

Zuletzt verlangsamte sich das Wendetempo wieder. Im Mittelpunkt der Debatten standen: Entschädigung der Atomkonzerne, Energieversorgungssicherheit (Stichwort Kaltreserve), mangelnde Netzkapazitäten und Preissteigerungen für Verbraucher.
Hohe garantierte Abnahmepreise verbunden mit einer hohen Installationsquote von Solaranlagen veranlassten die Regierung zu einer drastischen Reduktion bei der Solarförderung. Das sorgte für eine Reihe von Insolvenzen auf diesem Sektor.

Smalltalk-Infos

Beuchte, Ivenack, Honigsee… In Deutschland gibt es 136 Bioenergiedörfer (Stand Juni 2013), die ihren Strom- und Wärmebedarf überwiegend aus erneuerbaren Energien (Biomasse) abdecken.

E.on, RWE, EnBW u. Vattenfall:
Das neue Energiekonzept der Bundesregierung
Mit einem Vorwort von Angela Merkel
KS 10

ENERGIE POLITIK
Klar zur Wende!!
Und schon sind wir rum!
KS 12

SPD
ATOMKRAFT? NEIN DANKE
CDU/CSU
ATOMKRAFT? NEIN DANKE
FDP
ATOMKRAFT? NEIN DANKE
Schon wieder ein Plagiatskandal!!

Guck doch mal, was von Rot-Grün damals noch so alles beschlossen worden ist – das machen wir jetzt alles auch noch nach!!
Atomausstieg
(Alter Plan von Rot-Grün)
Atomausstieg
(Neuer Plan von Schwarz-Gelb)

Jemand ein Schwert dabei?
LÄNDER
BUND

Blickt noch jemand durch?
ALTERNATIVLOSE ALTERNATIVENERGIE

EINE KANZLERIN SCHLÄGT SICH DURCH

HARTE ZEITEN

GUCK NICHT HIN PETER!
MERZ
WOLFF
KOCH
MERKELS GÄRTCHEN

KÖNNEN SIE IHR PROBLEM BESCHREIBEN?..
NUJA... IST EIN BISSCHEN SO WIE MIT DER ENERGIEWENDE...

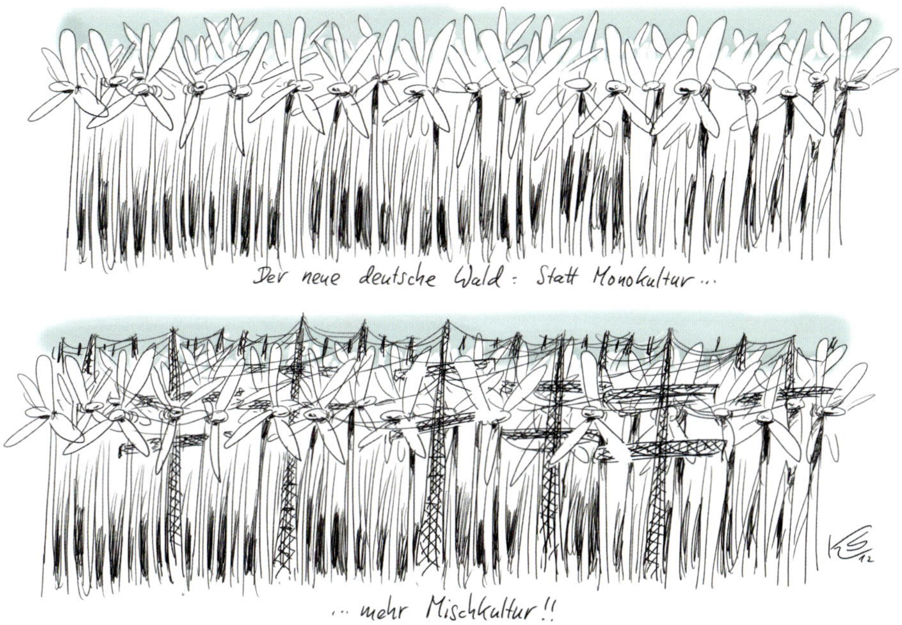
Der neue deutsche Wald: Statt Monokultur...
... mehr Mischkultur!!

Neue Kombination aus Windkraft und Biomasse...

Um unseren Atommüll diskret, heimlich, still und leise verschwinden zu lassen, werden wir folgende 5 Standorte untersuchen: Die Cayman-Inseln, die britischen Jungferninseln, die Cook-Inseln, Luxemburg und Österreich!

T. Plaßmann
SCHÜTZENDE HÄNDE

Das ist ja schön, dass wir uns mal treffen! Ich wollte schon immer wissen, wie der nette Mensch wohl aussieht, der mir andauernd die Strompreiserhöhungen mit bezahlt!
Großindustrieller begegnet Hartz IV ler

KUNDENWECHSEL

Zitat

Die SPD wird alles tun, um dieses irrsinnige Betreuungsgeld zu verhindern.
Sigmar Gabriel, 2013

- **9.11.2012** Gegen die Stimmen der Opposition beschließen CDU/CSU und FDP das Betreuungsgeld. Ab August 2013: 100 € pro Kleinkind, danach 150 €. Gesamtkosten ca. 1,2 Mrd. €.

Zum Einstieg

Heftigen Streit gab es in der abgelaufenen Legislaturperiode um das Betreuungsgeld (alias „Herdprämie"). Hintergrund ist der laut Kinderförderungsgesetz ab 1. August 2013 gesetzlich geltende Anspruch auf einen Krippenplatz für Kinder unter 3 Jahren. Doch hierfür fehlen verschiedenen Schätzungen zufolge noch zirka 230.000 Plätze.

Obwohl das Betreuungsgeld 2009 im Koalitionsvertrag verankert wurde, konnte man sich innerhalb der Regierungskoalition lange nicht auf einen einheitlichen Kurs einigen. Die SPD, ohnehin gegen das Betreuungsgeld, beharrte auf dem Ausbau von Krippenplätzen.

Auf Betreiben der CSU wurde das umstrittene Gesetz schließlich zum August 2013 beschlossen. Sogar mit dem Segen des Bundespräsidenten, allerdings noch ohne den des Verfassungsgerichts. Die SPD hält es jedenfalls für verfassungswidrig. Unterdessen ist die Familie im Wandel. Gleichgeschlechtliche Partnerschaften sind allerdings in Adoptions- und Steuerrecht noch nicht der Ehe gleichgestellt. Die CDU/CSU ringt hier noch um einen einheitlichen Standpunkt. Die SPD will die Ehe für Homosexuelle öffnen.

Smalltalk-Infos

Familienministerin Dr. Kristina Schröder ist die zweitjüngste Bundesministerin seit Bestehen der Bundesrepublik. Bei Amtsantritt 2009 war sie 32 Jahre alt. Noch jünger vereidigt wurde nur Helmut Kohls „zweites Mädel": Claudia Nolte. Im Alter von 28 Jahren trat sie 1994 ihr Amt als Ministerin für Familie, Senioren, Frauen und Jugend an. Auf Platz 3 dieser Liste folgt dann schon Angela Merkel, die mit 36 Jahren Bundesumweltministerin wurde.

IHR HABT MICH DOCH DAMALS NUR GEKRIEGT, WEIL'S DAFÜR DEN NEUEN A4 GAB!!
T. Plaßmann
FAMILIENPOLITIK... JETZT ABER!!

BABY AN BORD
KIND AM BEIN

100 Euro! Bar auf die Hand!!
Wenn du deinen Kleinen NICHT
zur Kita bringst!!
Betreuungsgeld

Krippenplatz
Für mehr hat das Geld nicht gereicht

GABRIEL MACHT BABY-PAUSE

DIE FEINE ADRESSE IN BERLIN MITTE

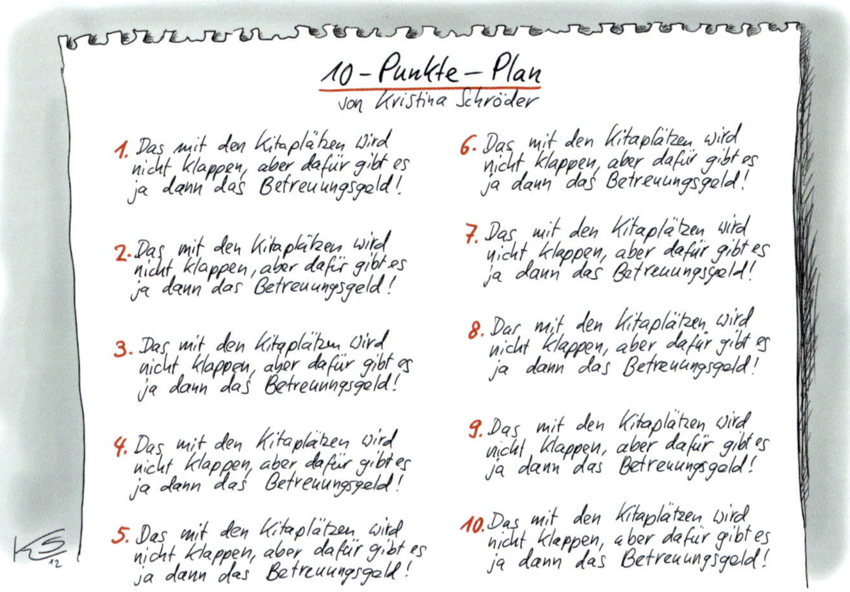
10-Punkte-Plan
von Kristina Schröder
1. Das mit den Kitaplätzen wird nicht klappen, aber dafür gibt es ja dann das Betreuungsgeld!
2. Das mit den Kitaplätzen wird nicht klappen, aber dafür gibt es ja dann das Betreuungsgeld!
3. Das mit den Kitaplätzen wird nicht klappen, aber dafür gibt es ja dann das Betreuungsgeld!
4. Das mit den Kitaplätzen wird nicht klappen, aber dafür gibt es ja dann das Betreuungsgeld!
5. Das mit den Kitaplätzen wird nicht klappen, aber dafür gibt es ja dann das Betreuungsgeld!
6. Das mit den Kitaplätzen wird nicht klappen, aber dafür gibt es ja dann das Betreuungsgeld!
7. Das mit den Kitaplätzen wird nicht klappen, aber dafür gibt es ja dann das Betreuungsgeld!
8. Das mit den Kitaplätzen wird nicht klappen, aber dafür gibt es ja dann das Betreuungsgeld!
9. Das mit den Kitaplätzen wird nicht klappen, aber dafür gibt es ja dann das Betreuungsgeld!
10. Das mit den Kitaplätzen wird nicht klappen, aber dafür gibt es ja dann das Betreuungsgeld!

Ehrlich gesagt, würde ich GERN auf das Betreuungsgeld verzichten, wenn ich einen Kita-Platz für die Beiden finden könnte...
CSU
FDP

WIR WISSEN NICHT WAS WIR SPIELEN SOLLEN!
WIE WÄR'S MIT VATER-MUTTER-KIND?! ...ÖH...ODER... MUTTER-NIEMAND-KIND? VATER-VATER-KIND? MUTTER-MUTTER-KIND? MUTTER-JUGENAMTSBETREUER-KIND? VATER-VATER-MUTTER-KIND? ....
LEBENSFORM IM WANDEL

Strafsteuer für Kinderlose!
Frechheit!!
Junge CDU

Und die Eltern, die ihre Kinder nicht zur Schule schicken und sie lieber zu Hause unterrichten, bekommen dann 150 Euro Unterrichtsgeld!

SCHUL-TOILETTE
Die Neueröffnung wurde wieder mal um ein Jahr verschoben!
Typisch Berliner Großprojekt!

Zitat

In Deutschland werden die Renten nicht gekürzt. Nicht im nächsten Jahr, auch nicht in späteren Jahren.

Olaf Scholz, 2009, während einer Bundespressekonferenz

Zum Einstieg

In Deutschland gibt es 20,6 Millionen Rentner. Tendenz steigend. Dem stehen 35,4 Millionen Beitragszahler gegenüber (Stand Mitte 2012). Tendenz sinkend. Aus diesem Grund haben diverse Experten alternative Vorsorgemodelle zur gesetzlichen Rente ersonnen. Die bekanntesten sind Walter Riester (Riester-Rente) und Bert Rürup (Rürup-Rente), beides durch staatliche Zulagen geförderte, private Altersvorsorge-Programme.

Vielen Deutschen sind diese, trotz umfangreicher Abschlüsse von inzwischen knapp 16 Millionen Riester-Verträgen, weiterhin unklar. Klar hingegen ist: das Bruttorentenniveau kann, trotz Rentengarantie, dauerhaft kaum gehalten werden. Seit 2006 wird daher bereits das gesetzliche Eintrittsalter stufenweise angehoben - für Männer von 65 auf 67, für Frauen von 60 auf 67 Jahre. Ein weiterer Schritt hin zur Gleichberechtigung?

Smalltalk-Infos

Das Wort Rente leitet sich vom lateinischen *reddere* - zurückgeben, zurückerstatten - ab. Die Höhe der Rückerstattung errechnet sich aus der Formel: Entgeltpunkte x Zugangsfaktor x aktueller Rentenwert x Rentenartfaktor = monatliche Rente. Eine Formel die auf einem 30(!) seitigen Prospekt der Deutschen Rentenversicherung erläutert wird.

DER DISKUSSIONSSTAND IN DER SPD

Meine private Vorsorge!
Für jetzt!!
Für's Alter!!

RENTENAUFBESSERUNGSWERK
Ü 67

NOCHMAL SO KLEIN SEIN! SO SORGLOS UND UNBESCHWERT!

DEMOGRAFISCHES GLEICHGEWICHT

EUCH SOLL ES SPÄTER EINMAL BESSER GEHEN!
1960
EUCH SOLL ES SPÄTER EINMAL GENAUSO GUT GEHEN.
1990
EUCH SOLL ES SPÄTER EINMAL UNGEFÄHR SO GUT GEHEN.
2000
EUCH SOLL ES SPÄTER EINMAL NICHT DRAMATISCH SCHLECHTER GEHEN.
2013

...FINDEN WIR VIELLEICHT DOCH AUCH TROST IN DEM UMSTAND, DASS SEIN ZEITIGES ABLEBEN KURZ NACH RENTENEINTRITT MAL REIN VOLKSWIRTSCHAFTLICH BETRACHTET....
DEMOGRAPHIE ... WENN ÖKONOMEN GEHEN.

- **8.7.2011** Bundestag lehnt Antrag der Linksfraktion ab, keine Panzer an Saudi-Arabien zu verkaufen.
- **1.3.2011** Rücktritt Karl-Theodor zu Guttenbergs als Verteidigungsminister. Thomas de Maizière wird sein Nachfolger.
- **28.6.2012** Bundestag stimmt für Fortsetzung des Libanon-Einsatzes.
- **31.1.2013** Bundestag beschließt die Fortsetzung des Afghanistan-Einsatzes.
- **28.2.2013** Bundestag beschließt Mali-Einsatz im Rahmen einer internationalen Unterstützungsmission.

KRIEG ?!
NICHT MIT UNS!!
KRIEG ?!...
WIESO SIND WIR
NICHT DABEI ?!!
ZEITENWANDEL

FDP
FÜR FRIEDEN
UND
ABRÜSTUNG!
und für den ungehinderten
Waffenexport!

BRODEL
ZISCH
NPD-VERBOTS-
VERFAHREN
POLITIK

EINES geht noch,
EINES geht noch
REIN...
NPD
NPD-
VERBOTS-
VERFAHREN
2003
§ KARLSRUHE

Dummheit kann man nicht verbieten!
NPD-Verbot
Hat der ein Glück!

Ist er nicht süß ?! Der geht später bestimmt mal zum Verfassungs-Schutz!!

- **27.11.2009** Franz-Josef Jung tritt wegen der Kunduz-Affäre als Arbeitsminister zurück.
- **31.5.2010** Horst Köhler tritt „um Schaden vom Amt abzuwenden" als Bundespräsident zurück.
- **6/2010** Die Eröffnung des neuen Hauptstadtflughafens BER wird auf den 3.6.2012 verschoben.
- **1.3.2011** Verteidigungsminister Karl-Theodor zu Guttenberg tritt wegen Plagiatsvorwürfen bei seiner Doktorarbeit zurück.
- **11/2011** Das rassistische Terrornetzwerk Nationalsozialistischer Untergrund (NSU) fliegt auf.
- **17.2.2012** Christian Wulff tritt wegen des Vorwurfs der Vorteilsnahme im Amt als Bundespräsident zurück.
- **5/2012** Vier Wochen vor der geplanten BER-Eröffnung wird diese auf August 2012, später auf März 2013 verschoben.
- **6/2012** NSU-Ermittlungsausschuss deckt Aktenvernichtung beim Verfassungsschutz auf.
- **3.7.2012** Verfassungsschutzpräsident Heinz Fromm tritt zurück.
- **7.9.2012** BER-Eröffnung wird auf den 27.10.2013 verschoben.
- **1/2013** BER-Eröffnung wird auf unbestimmte Zeit verschoben.
- **9.2.2013** Annette Schavan tritt wegen Plagiatsvorwürfen bei ihrer Doktorarbeit als Bundesbildungsministerin zurück.
- **2/2013** Als Rindfleisch deklariertes Pferdefleisch wird in verschiedenen Fertigprodukten entdeckt.
- **5/2013** Das Rüstungsprojekt „Euro Hawk" wird als gescheitert erklärt.

ANGIES MOONWALK

KARNEVALSWAGEN DER VEREINTEN SAMBA-SCHULEN

Dennis hat einfach meine Hausaufgaben geguttenbergt, da habe ich ihm sowas von auf die Mailbox gewulfft!

ICH SPRECHE HERRN DR. ZU GUTTENBERG MEIN VOLLES VETRAUEN AUS!
ICH SPRECHE FRAU DR. SCHAVAN MEIN VOLLES VETRAUEN AUS!
BÖSES OMEN

Wie heißt das Werk?
Ohne Titel

Was, Karl-Theodor, KEIN Comeback? Wie schade, ich hatte eine Rolle GANZ VORN für dich vorgesehen...
CSU
GUTTENBERG
CSU

Neuer Lebensmittelskandal:
Falsch deklarierte Bio-Hühnereier

Pferde-Lasagne
Katzen-Lasagne
Hamster-Lasagne
Hunde-Lasagne
Kanarienvogel-Lasagne
Endlich drauf schreiben, was drin ist!!

WOLLEN SIE SICH IHRE GESUNDHEIT RUINIEREN?
ICH RAUCHE - SIE ESSEN.
LEBENSMITTELSKANDALE REIßEN NICHT AB

Wenn Futter irgendwie nach Dioxin schmeckt: MELDEN!!!
Ilse Aigner 10 Punkte Programm:

Amt für Verfassungsschutz

RECHTES AUGE BLIND, LINKES AUGE BLAU

Ein terroristischer Hintergrund konnte bisher noch nicht endgültig nachgewiesen werden!
Stuttgart 21
Kosten

JETZT SINDS NUR NO DIE HÄSSE, BAYERN UN' MIR, WO ZAHLET!
KOI SORGE FRAU HÄBERLE! WÄGE STUTTGART 21 ZAHLET MIR BALD SICHER AU' ZU DE NÄHMERLÄNDLE!
FINANZAUSGLEICHSHUMOR

ABGEFERTIGT IM FLUGHAFEN BERLIN BRANDENBURG INTERNATIONAL

DER RETTER NAHT

ALLE UND NIEMAND

Der neue Comedy-Star

POLITISCHE INHALTE
VERKAUFEN SICH
AM BESTEN
WENN
MAN SICH
ZUM AFFEN MACHT

Gott sei Dank, muss man Politiker,
wenn man sie dolmetscht,
nicht auch noch
verstehen ...

EINS IST SICHER: UNS'RE RENTE
EINS IST SICHER: WIR MACHEN POLITIK FÜR DIE MENSCHEN
EINS IST SICHER: IHRE SPAREINLAGEN
ABHEBEN? ALLES?
T. Plaßmann

SPARDOMINA BEI DER ARBEIT
DIDUM, DIDUM, DIDUM...
WAHL GESCHENK 20 MRD
WAHL GESCHENK 7 MRD.
WAHL GESCHENK 1 MRD.
T. Plaßmann
SÜDEUROPÄER - BITTE MAL WEGSCHAUEN

Die Schatten der Vergangenheit.
Oder: Das wahre Schattenkabinett...

POLITIK ENTDECKT DIE MIETER

Neuer Modernisierungsschub

FDP 2009

FDP 2013

In einem Jahr hat Deutschland die Wahl:
Schwarzer Hosenanzug?
Gelber Hosenanzug?
Roter Hosenanzug?
Grüner Hosenanzug?
Oder orangener Hosenanzug?!

Von Italien lernen ...
... heißt Siegen lernen!

IHR WASCHLAPPEN !!!
SPD-WAHLKAMPF-TEAM
WIR SCHAFFEN DAS!!
BUNDESTAGSWAHL 2013 7
T. PLAP
VERZAGTHEIT GREIFT RAUM

Ich habe Sigmar Gabriel informiert, dass ich im Herbst als Finanzminister ins Kabinett Merkel wechseln werde. Die Perspektiven sind einfach besser.
SPD

HOCHWASSERMARKEN

BAUER JANSEN ... MOMENTE DER MACHT

WAHLSIEGER

SCHNELLE ABSTIMMUNG IN GESCHLOSSENER GESELLSCHAFT

NEL

NEL (Ioan Cozacu), 1953 in Cluj (deutsch: Klausenburg/Rumänien) geboren, in Rumänien aufgewachsen. Von 1973 bis 1978 Studium an der Hochschule für industrielle Formgestaltung Halle, Burg Giebichenstein. Seit 1984 ist er als freischaffender Cartoonist und Buchillustrator für verschiedene Verlage tätig. Er zeichnet für diverse Zeitungen und Magazine: TLZ-Weimar, WAZ-Essen, Eulenspiegel, taz, focus.

NEL hat zahlreiche Auszeichnungen erhalten. Zuletzt gewann er den Deutschen Karikaturenpreis 2011. Er lebt und arbeitet in Erfurt.

Thomas Plaßmann

Thomas Plaßmann wurde 1960 in Essen geboren. Er ist Cartoonist, Illustrator und tagespolitischer Karikaturist der Frankfurter Rundschau, der NRZ (Neue Rhein/Neue Ruhr Zeitung) und der Berliner Zeitung.

Seine Arbeit wurde vielfach ausgezeichnet, u.a. mit der „Spitzen Feder" des BDZV (Bundesverband der Deutschen Zeitungsverleger).
Thomas Plaßmann lebt und arbeitet in Essen.

Heiko Sakurai

Heiko Sakurai wurde 1971 in Recklinghausen geboren. Er gehört zu den etablierten deutschen Karikaturisten. Seine Zeichnungen erscheinen regelmäßig in der Berliner Zeitung, in der WAZ und in vielen anderen Tageszeitungen. Zudem ist er als Buchillustrator erfolgreich. Zuletzt erschien der von ihm illustrierte Polit-Comic Miss Tschörmänie (Eichborn) und die Biografie: Peer Steinbrück (dtv).

Seine Zeichnungen wurden mehrfach prämiert. Zuletzt erzielte er den 3. Platz bei der Rückblende 2012. Er lebt und arbeitet in Köln.

Klaus Stuttmann

Klaus Stuttmann, Jahrgang 1949, geboren in Frankfurt und in Stuttgart aufgewachsen. Seine Zeichnungen erscheinen täglich in über 20 deutschen Tages- und Wochenzeitungen, Magazinen und Zeitschriften, u.a. Tagesspiegel, Leipziger Volkszeitung, taz, Badische Zeitung, Neue Osnabrücker Zeitung, Ruhrnachrichten, Rhein-Neckar-Zeitung, Freitag.

Seine Arbeit wurde vielfach ausgezeichnet. Vor kurzem hat er damit begonnen, kleine politische Animationen fürs Netz und TV zu produzieren. Er lebt und arbeitet in Berlin.

Schaltzeit Verlag

CARTOON-JAHRESBÄNDE

Die besten Karikaturen des jeweiligen Jahres von Klaus Stuttmann und Heiko Sakurai. Diese Reihe der Cartoon-Jahresbände pointiert anschaulich alle Aufreger des Jahres. Kurze Erinnerungstexte fassen die Geschehnisse der einzelnen Monate zusammen und resümieren den Entstehungskontext. Der satirische Jahresrückblick für jeden (Nicht-) Wähler.

Hochglanz-Seiten, die so manchem seiner Fans das ganze Jahr retten dürften.

DER TAGESSPIEGEL

So gute Karikaturisten gibt es nur wenige in Deutschland.

BADISCHE ZEITUNG

Zuletzt in dieser Reihe erschienen

✎ Klaus Stuttmann
Schöne Pleite
ISBN 978-3-941362-10-9
Politische Karikaturen 2011
Mit einem Vorwort von F.W. Bernstein
256 Seiten, teilweise farbig, Softcover

✎ Klaus Stuttmann
Wir geben nichts
ISBN 978-3-941362-27-7
Politische Karikaturen 2012
Mit einem Vorwort von Axel Hacke
228 Seiten, teilweise farbig, Softcover

✎ Heiko Sakurai
Keine Sorge, Mutti am Steuer!
ISBN 978-3-941362-26-0
Best of 2012. Mit einem Vorwort von Thomas Hax-Schoppenhorst
176 Seiten, farbig, Softcover